이 책의 내용을 교과서에서도 찾아보세요!

국어 1-1
4. 글자를 만들어요
6. 받침이 있는 글자

바/즐/슬 1-1
1. 학교에 가면

안전한 생활 1-1
1-1. 나는 안전 으뜸이 〉 안전하고 즐거운 학교
3-2. 소중한 나 〉 우리 모두 소중한 친구

국어 1-2
3. 문장으로 표현해요
8. 띄어 읽어요

국어 2-1
3. 마음을 나누어요
5. 낱말을 바르고 정확하게 써요
8. 마음을 짐작해요
9. 생각을 생생하게 나타내요
10. 다른 사람을 생각해요

바/즐/슬 2-1
1. 알쏭달쏭 나

안전한 생활 2-1
1-2. 안전은 내가 먼저 〉 즐겁고 안전하게
3-2. 소중한 우리 〉 친구와 사이좋게 지내요

국어 2-2
3. 말의 재미를 찾아서
8. 바르게 말해요
10. 칭찬하는 말을 주고받아요

국어 3-1
3. 알맞은 높임 표현
4. 내 마음을 편지 담아
7. 반갑다, 국어사전

도덕 3-1
1. 나와 너, 우리 함께

국어 3-2
3. 자신의 경험을 글로 써요
5. 즐겁게 대화해요
6. 마음을 담아 글을 써요

나도 이제 초등학생 29

초등학교 저학년 학생들의 적응을 도와주고 고민도 해결해 주는 실용 동화책입니다.
또래 친구들이 겪는 재밌는 이야기와 학교생활의 비법이 담겨 있어요.
매일 아침, 학교 가는 길이 행복해질 거예요!

나도 이제 초등학생 29
맞춤법이 왜 어렵냐고?

초판 인쇄 2023년 05월 15일
초판 발행 2023년 05월 20일

글 이은지
그림 찌아

발행인 이재현
발행처 리틀씨앤톡
출판등록 제 2022-000106호(2022년 9월 23일)

주소 경기도 파주시 문발로 405 제2출판단지 활자마을
전화 02-338-0092
팩스 02-338-0097
홈페이지 www.seentalk.co.kr
E-mail seentalk@naver.com

ISBN 978-89-6098-887-3 74810
978-89-6098-217-8 74810 (세트)

· 본 책은 저작권법에 의해 보호를 받는 저작물이므로 무단 전재와 복제를 금합니다.
· KC마크는 이 제품이 공통안전기준에 적합하였음을 의미합니다.

| **모델명** | 맞춤법이 왜 어렵냐고? | **제조년월** | 2023.05.20. | **제조자명** | 리틀씨앤톡 | **제조국명** | 대한민국 |
| **주소** | 경기도 파주시 문발로 405 제2출판단지 활자마을 | **전화번호** | 02-338-0092 | **사용연령** | 7세 이상 |

은 씨앤톡의 어린이 브랜드입니다.

맞춤법이 왜 어렵냐고?

이은지 글 | 찌아 그림

작가의 말

왜 맞춤법을 공부해야 할까요?

맞춤법이 없어진다면 어떨까요? 헷갈리는 받침이나 띄어쓰기 공부는 안 해도 되고, 받아쓰기 시험과도 안녕일 거예요. 어려운 맞춤법 대신 그냥 소리 나는 대로, 내 마음대로 쓰면 될 테니까요.

하지만 맞춤법이 없어진다면 결국에는 더 불편해질 거예요. 운동 경기에 규칙이 있어야 친구들과 재미있게 경기를 할 수 있는 것처럼 맞춤법도 마찬가지거든요. 맞춤법이 있어야 서로 무슨 이야기를 하는지 뒤죽박죽 엉키지 않고 정확하게 소통할 수 있으니까요. 맞춤법은 어른이 되어서도 정확하게 지켜야 하는 우리말 규칙이거든요.

  하지만 저도 학교 다닐 때를 생각해 보면 받아쓰기 시험이 참 싫었던 것 같아요. 그래서 우주라는 친구를 떠올려 보게 됐답니다. 이야기 속 주인공 우주도 맞춤법 공부를 너무 하기 싫어하는 친구거든요. 하지만 결국에는 맞춤법 공부를 좀 더 재미있게 할 방법을 찾게 되었지요. 어떤 방법인지는 지금부터 소개할게요.

  우주가 찾은 방법들이 여러분에게도 도움이 되었으면 좋겠어요. 그럼 맞춤법 공부가 조금은 쉬워질 거예요. 오늘도 열심히 바른 맞춤법을 공부하는 모든 우주들을 응원합니다.

글쓴이 이은지

차례

제1장 받아쓰기는 너무 싫어! 7

제2장 너에게 보내는 비밀 편지 33

제3장 나만의 맞춤법 공부 비법 65

"1번, 흙을 털었어요."

우주는 1번 문제부터 연필을 움직일 수가 없었어요. 분명히 그저께 엄마와 받아쓰기 연습을 할 때도 틀렸던 문제였어요. 그런데 엄마가 빨간 볼펜으로 뭐라고 고쳐 주셨는지는 전혀 기억이 나질 않는 거예요.

'흑?'

우주는 알쏭달쏭한 글자를 속으로 발음해 봤어요. 발음은 '흑'으로 나는 게 확실한 것 같아요. 그런데 'ㄱ' 받침 앞에 또 다른 글자가 있었던 것 같은데 무슨 글자인지 도무지 떠오르질 않는 거예요.

"한 번 더 불러 줄게요. 흙을 털었어요."

선생님 목소리에 맞춰 다른 친구들의 연필은 사각사각 잘만 굴러가고 있었어요. 애꿎은 연필 끝을 잘근잘근 씹고 있는 건 우주뿐이었지요.

"2번, 큰 솥 안에 들어 있는."

세종대왕님은 한글을 왜 이렇게 어렵게 만드신 걸까요. 우주는 입에 물고 있던 연필을 이번에는 이마로 가져가 콕콕 찍으면서 주변을 힐긋거리기 시작했어요.

"두리번거리는 친구들이 있는데 다른 친구 시험지는 보면 안 된다고 했죠? 2번 문제 다시 불러 줄게요. 큰 솥 안에 들어 있는."

우주는 선생님하고 눈이 딱 마주치자 깜짝 놀라 얼른 공책으로 다시 눈을 돌렸어요. 이번에는 '솥'이 문제예요. '소' 밑에 어떤 받침이었는지 아리송했거든요.

'ㅅ이었나? 아니야, ㄷ이었나?'

우주는 머릿속에서 글자들이 춤을 추는 것만 같았어요. 어제 엄마가 한 번 더 연습해 보자고 하셨는데 다 맞을 수 있다고 떵떵거리고는 스마트폰으로 게임을 한 게 후회됐어요.

'급수표에 있는 순서 그대로 불러 주시면 좋을 텐데……. 들쭉날쭉하게 순서를 바꿔서 불러 주시니까 더 헷갈려.'

우주가 입을 삐죽 내밀고 불평하는 동안 번호는 이미 3번으로 넘어가고 있었어요.

"3번, 강아지가 새끼를 낳았어요."

'나왔어요?'

이번에는 받침이 있었던 것 같기도 하고, 없었던 것 같기도 해요. 우주는 결국 잘 모르는 글자들은 그냥 들리는 대로 적었어요.

"4번, 화가 머리끝까지 났습니다."

딱 우주의 마음이었어요. 그냥 소리 나는 대로, 마음대로 쓰면 쉽잖아요. 왜 맞춤법 같은 걸 만들어서 이렇게 힘들게 하는 건지 모르겠어요. 우주는 머릿속에서 글자들이 뱅글뱅글 돌고 속까지 울렁거리는 것 같았어요.

어느덧 선생님이 받아쓰기 급수표에 있는 열 개의 문장을 다 불러 주셨어요. 우주도 낑낑거리며 다 적긴 적었는데 자신 있게 쓴 건 몇 개 되지 않았어요.

"자, 각 분단 맨 뒷사람이 받아쓰기 공책 걷어 오세요. 공책은 이따가 3교시 마치고 돌려줄 거예요."

선생님 말씀이 끝나자마자 각 분단의 맨 뒤에 앉은 친구들이 받아쓰기 공책을 걷기 시작했어요.

'제발 돌려주지 않으셨으면…….'

우주는 받아쓰기 공책이 곧 터질 것 같은 폭탄처럼 느껴졌어요. 할 수만 있다면 공책을 아무도 모르는 곳에 꼭꼭 숨겨 두고만 싶었어요.

"자, 오늘은 다 맞은 친구들이 많네요. 점점 맞춤법 실력이 느는 것 같아서 선생님이 아주 기뻐요. 틀린 문제는 별표 쳐 두었으니까 내일까지 세 번씩 써 오도록 해요."

3교시를 마치면서 선생님이 받아쓰기 공책을 돌려주셨어요. 우주의 책상 위에도 받아쓰기 공책이 놓였어요.

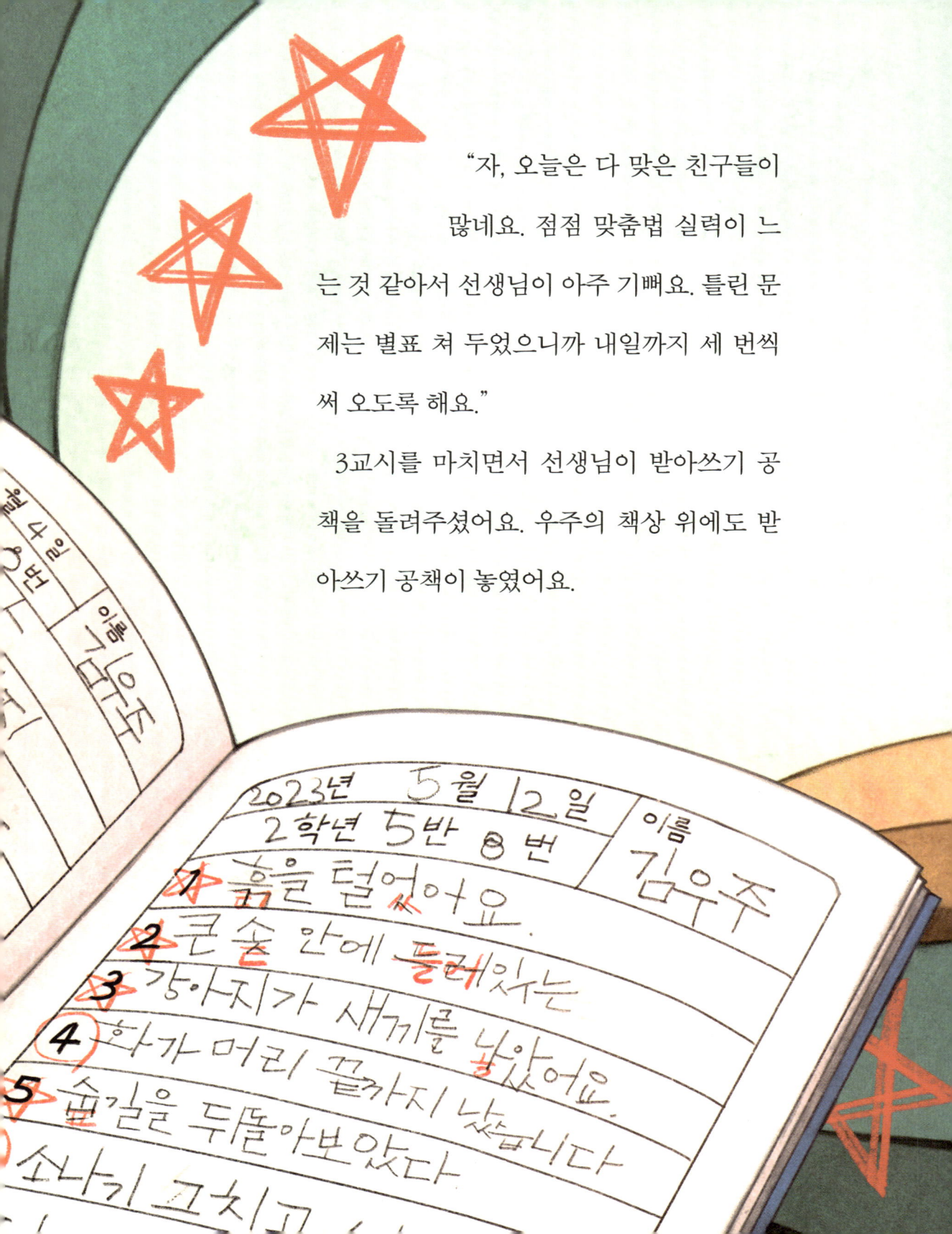

2023년 5월 12일
2학년 5반 8번 이름 김우주
1. 흙을 털었어요.
2. 큰 숲 안에 들레있는
3. 강아지가 새끼를 낳았어.
4. 화가 머리 끝까지 났어요.
5. 숲길을 뒤돌아보았다
   소나기 그치고

'제발, 제발…….'

정말 간절하게 바라면 이루어진다잖아요. 우주는 지난주에 50점이었던 점수가 오늘은 100점으로 변하길 마음속으로 아주 간절하게 빌었어요.

쿵쾅쿵쾅. 점수를 확인하는 우주의 심장이 튀어나올 것처럼 뛰었어요. 만약 별표가 다섯 개라면, 숙제로는 틀린 문장을 열다섯 번이나 써야 해요.

후읍. 우주는 숨을 한 번

크게 들이마시고는 공책을 빼꼼히 열어 봤어요. 그런데 우주의 공책에는 별표가 다섯 개도 아니고 일곱 개나 그려져 있었어요.

선생님은 맞은 문제에는 동그라미, 틀린 문제에는 빗금 대신 별표를 쳐 주시거든요. 소나기가 내리는 시험지보다는 낫겠지만 별표도 이렇게 많으면 하나도 예뻐 보이지 않아요. 일곱 개의 반짝거리는 별 사이로 동그라미는 세 개밖에 보이지 않았어요.

우주는 선생님이 틀린 부분을 바르게 고쳐 놓은 빨간 글씨를 멍하니 바라봤어요. '흙'은 받침이 'ㄹ, ㄱ' 두 개나 있고 '솥'은 'ㅌ' 받침, '낳았어요'는 'ㅎ' 받침을 써야 한다고 고쳐져 있었어요.

왜 소리 나는 발음과는 다르게 엉뚱한 글자들이 받침에 적혀 있는 건지 우주는 이해가 되지 않았어요. 게다가 다른 건 몰라도 '흙'에 발음도 안 나는 'ㄹ' 받침이 있는 건 세종대왕님이 실수하신 게 틀림없어요.

 우주는 한숨을 푹 내쉬고는 주변을 두리번거리기 시작했어요. 아까 선생님이 오늘은 다 맞은 친구들이 많다고 하셨는데 대체 어떤 천재들이 다 맞은 건지 궁금했거든요.

 그렇게 두리번거리고 있는데 대각선 뒷자리에 앉은 다연이와 눈이 마주치고 말았어요. 다연이는 감기에 걸렸는지 콜록거리면서도 우주를 보고는 싱긋 웃어 줬어요. 다연이 양 볼에 있는 보조개도 움푹 파였어요.

 우주는 갑자기 온몸이 간지러운 느낌이 들었어요. 누가 가슴을 간질간질 간지럽히는 것만 같았거든요.

 다연이는 알록달록 무지개 색 반짝이가 박힌 티셔츠를 입고 있었어요. 그런데 우주의 눈에는 티셔츠에 있는 반짝이보다 다연이 얼굴에서 더 반짝반짝 빛이 나는 것만 같았어요.

 얼굴까지 발그레해진 우주는 급하게 다연이의 눈을 피했어요. 우주는 요즘 다연이를 볼 때마다 왜인지 모르게 얼굴이 붉

어지거든요. 부반장인 다연이가 또박또박 발표할 때마다 쫑긋 귀를 세우고 듣게 되고요. 활짝 웃는 얼굴에 쏙 들어가는 보조개도 귀엽게만 보여서 자꾸 생각이 나곤 했어요.

 우주는 다연이의 눈을 피하다가 다연이 책상 위에 놓인 받

아쓰기 공책을 보게 됐어요. 분명히 점수는 안 보려고 했는데 공책이 활짝 펴져 있는 거예요. 그래서 힐긋 점수도 보고 말았지요.

그런데 다연이의 공책에는 별표가 하나도 없었어요. 이럴

줄 알았으면 보지 말 걸 그랬어요. 100점 받은 다연이가 30점 받은 자신과 친하게 지낼 것 같지는 않았으니까요. 우주는 갑자기 어깨가 움츠러들었어요.

집으로 가는 길은 오늘따라 짧게 느껴졌어요. 책가방 속에 30점을 받은 받아쓰기 공책이 있잖아요. 우주는 30초 뒤에 폭발하는 폭탄을 메고 걷는 기분이 들었어요.

게다가 선생님은 받아쓰기 시험을 보고 난 다음에는 꼭 부모님 사인을 받아 오게 하신단 말이에요. 30점을 받은 받아쓰기를 보여 줘야 하는 어린이의 마음은 전혀 생각하지 않으시는 것 같아요.

우주는 받아쓰기 공책이 든 폭탄 같은 가방을 질질 끌듯이 메고 힘겹게 현관문을 열었어요.

"우주 왔구나?"

서재에서 일하시던 엄마가 현관문이 열리는 소리를 듣고 거실로 나오셨어요.

"우주 배고프겠다. 간식 먹을래? 아, 참! 오늘 목요일이잖아. 받아쓰기 시험은 잘 봤고?"

아마 엄마는 오늘이 목요일이고, 매주 받아쓰기를 보는 날이라는 걸 절대 잊어버리지 않으셨을 거예요. 그런데 마치 방금 생각난 듯이 받아쓰기 시험은 어땠냐고 물어보셨어요. 우주가 받아쓰기 시험을 너무 싫어하니까 엄마 나름대로는 배려해 주시는 것 같았어요.

옅게 미소를 지으며 물어보는 엄마에게 우주는 30점짜리 시험지를 꺼낼 용기가 나질 않았어요. 이번에는 잘 볼 자신 있다고 큰소리치지나 말 걸 그랬어요.

"그냥……. 그냥이요."

우주는 대충 얼버무리고는 방으로 쏙 들어가 버렸어요. 풀이 죽어서 터덜터덜 방으로 들어가는 우주를 보면서 엄마도 더는 묻지 않으셨고요.

우주는 침대에 벌렁 누워서 받아쓰기 숙제를 얼마나 해야 하는지 계산해 봤어요. 선생님께서 틀린 문제를 세 번씩 쓰라고 하셨으니까 일곱 개를 틀렸으면 숙제로 자그마치 스물한 문장이나 써야 하잖아요.

'으아아악!'

우주는 베개에 얼굴을 묻고 침대를 손으로 팡팡 쳤어요.

"스물한 번을 언제 다 쓰냐고."

우주는 받아쓰기 때문에 매주 손가락에 불이 나는 것 같았어요.

한숨을 푹 내쉬고는 침대에 엎드려 잠이나 자려는데 문득 다연이 얼굴이 떠올랐어요. 30점짜리 친구인데 내일 숙제까지 안 해 가면 엄청 한심하게 생각할지도 몰라요.

우주는 꾸물꾸물 일어나 책가방에서 받아쓰기 공책을 꺼냈어요. 그러고는 침대에 엎드려서 1번 문제 '흙을 털었어요.'를 두 번 쓰다가 그대로 잠이 들어 버렸지요.

"김우주, 뭐 해? 자? 엄마가 간식 먹으래."

우주는 방문을 벌컥 열고 들어온 형의 목소리에 눈을 떴어요. 학교에서 형이 돌아올 시간이 되었나 봐요.

"알았어. 나갈 거야."

분명히 알았다고 대답했는데 형이 방 안으로 성큼성큼 들어왔어요. 그러고는 마음대로 침대에 걸터앉더니 베고 자던 받

아쓰기 공책을 쏙 빼 가는 거예요.

"아, 안 돼! 이리 내놔!"

깜짝 놀란 우주가 형에게서 받아쓰기 공책을 뺏으려고 벌떡 일어났어요. 하지만 형은 우주보다 키가 한 뼘이나 더 컸어요. 형이 팔을 위로 끝까지 올려 공책을 흔들자 우주는 까치발을 해도 공책을 잡을 수가 없었어요.

"어디 보자. 이번 주에는 몇 점? 엥, 30점? 저번 주에는 그래도 반은 맞아 오더니. 이번 주에는 세 개 맞은 거야?"

형은 고개를 절레절레 흔들더니 공책을 들고 그대로 거실로 뛰어갔어요. 우주가 바짝 따라가 봤지만 이미 엄마에게 폭탄을 던진 후였죠.

"엄마, 엄마! 우주 30점 맞았대요!"

"아, 하지 말라고!"

우주는 형에게 달려가 받아쓰기 공책을 낚아챘어요.

"별표가 무려 일곱 개! 엄마, 우주는 별이 진짜 좋은가 봐요.

이름이 우주여서 그런가?"

형이 혀를 날름 내밀며 웃었어요. '흥부 놀부' 이야기가 정말 괜히 있는 게 아니에요. 형의 곱슬머리가 오늘따라 더 심술 맞아 보이는 게 놀부가 따로 없었어요.

"태주야! 동생 그만 놀리고 먼저 간식 먹고 있어."

엄마는 형을 다그치면서 우주의 머리를 쓰다듬으셨어요.

"우주야, 받아쓰기 어려운 거 아니야. 네가 싫다는 마음이 먼저 들어서 그래. 엄마랑 차근차근 더 연습해 보자."

"네, 엄마."

우주는 고개를 푹 숙이고 대답했어요. 하지만 사실 엄마의 말은 전혀 위로가 되지 않았어요. 터벅터벅 걸어서 방으로 들어간 우주는 받아쓰기 공책을 책상에 던지듯 올려 뒀어요.

'받아쓰기 진짜 너무 너무 싫어!'

마음속으로는 이렇게 외치면서요.

맞춤법은 왜 지켜야 할까요?

✏️ 맞춤법은 중요한 규칙이에요

이야기에 나오는 우주처럼 맞춤법이 싫고 어렵게만 느껴지지는 않나요? '그냥 내 마음대로 쓰면 편할 텐데.' 하는 생각도 들고요.

하지만 맞춤법은 우리를 괴롭히려고 만든 것이 아니랍니다. 상대방과 이야기가 잘 통하기 위해서 꼭 필요한 것이지요. 맞춤법이 없다면 오히려 더 불편해질 거예요. 서로 무슨 말을 하는지 정확하게 알 수 없을 테니까요.

친구들과 운동 경기를 할 때도 경기를 잘하는 데 필요한 규칙이 있을 거예요. 맞춤법도 마찬가지랍니다. '한글을 쓸 때 이렇게 쓰자.'라고 정해 놓은 규칙이 바로 '한글 맞춤법'이거든요. 우리가 매일 쓰고 읽는 한글에 규칙을 만들어서 상대방과 잘 소통할 수 있게 만든 것이지요.

운동 경기의 규칙을 잘 지켜야 친구와 재미있는 경기를 할 수 있는 것처럼 맞춤법을 잘 지켜야 친구와 제대로 소통할 수 있어요. 맞춤법을 제대로 지키지 않으면 서로 무슨 말을 하는 건지 모를 수도 있고 내가 원하는 뜻과는 다른 뜻으로 전해지기도 하지요.

맞춤법은 받아쓰기 시험을 잘 보는 데에만 필요한 것이 아니에요. 앞으로 어른이 되어서도 일상생활에서 늘 사용하게 되는 중요한 규칙이랍니다.

🖍 맞춤법을 잘 지켜야 서로 정확히 소통할 수 있어요

내가 하고 싶은 말을 정확하게 전달하기 위해서는 맞춤법을 잘 알아야 해요. 맞춤법을 잘못 쓰면 상대방은 그 뜻을 전혀 다르게 이해할 수 있으니까요.

이야기 속에 우주처럼 '무조건 소리 나는 대로 쓰면 편하지 않을까.' 하는 생각이 들 수도 있어요. 물론 한글은 원칙적으로 소리 나는 대로 쓰는 게 맞아요. 하지만 발음 그대로 써 버리면 무엇을 말하려고 한 건지 정확히 알지 못할 수 있답니다.

예를 들어서 '꽃이 피었다.'라는 문장을 생각해 볼게요. 여기서 맞춤법에 맞게 '꽃이'라고 쓰지 않고 소리 나는 대로 '꼬치'라고 쓴다면 우리가 맛있게 먹는 '꼬치'랑 헷갈리겠지요. '꽃'이라는 본 모양을 그대로 밝혀서 '꽃이'라고 적어야 맞는 표현이 되는 거랍니다. 그래서 한글 맞춤법에서는 하나의 뜻을 나타내는 말은 그 형태를 바꾸지 않고 쓰도록 하고 있지요.

만약 맞춤법을 무시하고 내 마음대로 한글을 쓴다면 상대방은 내가 하려는 말을 제대로 이해할 수 없을 거예요. 띄어쓰기만 해도 그래요. 글을 쓸 때 어떻게 띄어 쓰느냐에 따라 전혀 다른 뜻이 되거든요. '나 물 좀 줘.'를 '나물 좀 줘.'로 띄어쓰기를 하면 '물'을 달라는 의미로 썼어도 '나물'을 달라는 뜻이 돼요.

또 맞춤법에 맞는 말을 써야 상대방에게 믿음을 줄 수 있어요. 맞춤법을 틀리게 쓰면 상대는 기본적인 것도 모른다고 생각할 수 있고 예의가 없다고 느낄지도 모르니까요.

한글은 수학이나 과학이랑은 다르게 공부하지 않아도 저절로 알게 된다고 생각할지도 몰라요. 하지만 우리말을 바르게 쓰는 것도 공부가 필요하답니다. 한번 말을 익히게 되면 고치기는 쉽지 않거든요. 그래서 한글 맞춤법을 처음 배울 때 정확하게 익히는 것이 중요해요.

같이 생각해요

1. '맞춤법' 하면 어떤 것이 떠오르나요? 떠오르는 느낌과 생각을 자유롭게 적어 보세요.

   ----

2. 맞춤법을 지키지 않으면 어떤 일이 벌어질까요?

   ----

3. 맞춤법을 잘 지키면 어떤 점이 좋을까요?

"비밀 편지."

다음 날, 1교시 국어 시간이 시작되기 전이었어요. 선생님이 칠판에 '비밀 편지'라고 크게 적으셨어요.

"앞으로 일주일 동안 친구와 비밀 편지를 주고받을 거예요."

"선생님, 비밀 편지가 뭐예요?"

여기저기서 궁금증을 참지 못한 목소리들이 쏟아졌어요.

"받는 사람이 보낸 사람이 누구인지 모르게 쓰는 편지예요. 그래서 비밀 편지인 거죠. 선생님이 우리 반 친구들의 이름을 적은 쪽지를 이 바구니에 넣어 뒀거든요? 지금부터 바구니에서 쪽지를 하나씩 뽑을 거예요. 그리고 앞으로 일주일 동안 내가 뽑은 친구의 비밀 친구가 되어서 편지를 써 주는 거예요. 편지를 주고받다 보면 반 친구들끼리 더 친해지겠죠?"

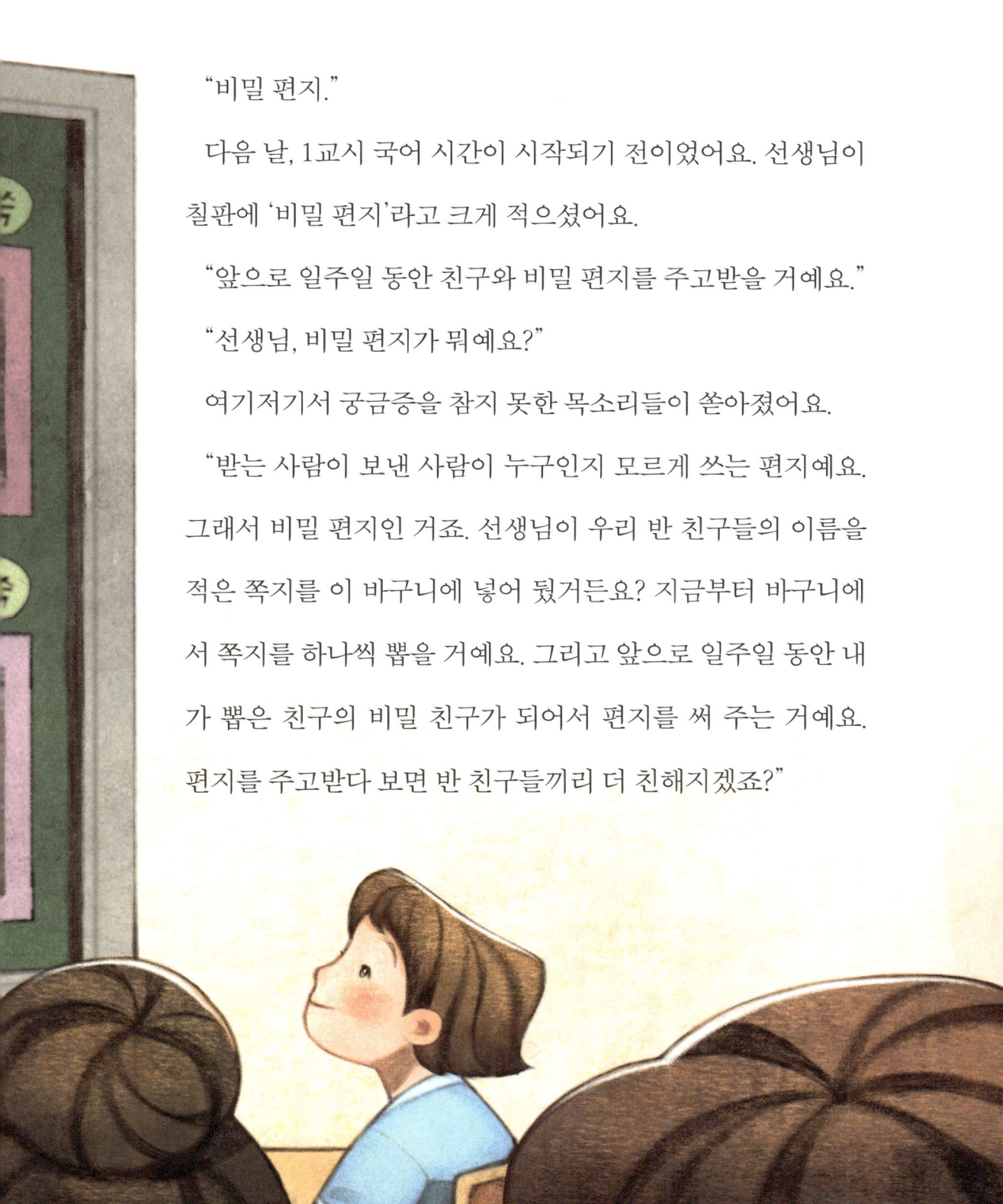

선생님은 이름 쪽지들이 들어 있는 바구니를 보여 주셨어요. 그리고 이어서 비밀 편지의 규칙을 칠판에 적으셨지요.

1. 누가 내 비밀 편지 친구인지는 아무도 모르게 해야 한다. 내가 원하는 친구가 나오든 나오지 않든 티를 내거나 누구를 뽑았다고 말해서는 안 된다.

2. 앞으로 일주일 동안 비밀 편지 친구에게 편지를 써서 몰래 전해 준다. 작은 선물을 함께 전해 줘도 좋다. 편지에는 친구에 대한 칭찬이나 친구의 장점, 친구가 하루를 기분 좋게 보낼 수 있는 말들을 적는다.

"그리고 비밀 편지 활동을 열심히 한 친구에게는 일주일 뒤에 선생님이 작은 선물을 줄 거예요."
"우와, 재밌을 거 같아요!"
'비밀'과 '선물'이라는 말에 친구들이 신나서 웅성거렸어요.

"자, 그럼 지금부터 바구니에서 쪽지를 뽑을 거예요. 한 사람당 하나씩만 뽑아야 해요. 그리고 쪽지는 버리지 말고 잘 간직하고 있고요."

선생님이 각 자리를 돌면서 바구니를 내미셨어요. 그 바구니는 어느새 우주 앞까지 오게 됐지요.

우주는 바구니에 손을 넣고 쪽지들을 휘휘 저었어요. 마음속으로는 다연이를 떠올리면서요. 그러고는 손가락에 잡히는 쪽지 중에 하나를 집어서 조심스럽게 펴 봤지요.

'헉! 진짜 다연이네!'

이번에는 간절한 바람이 진짜 이루어졌나 봐요. 우주가 뽑은 쪽지에는 정확히 '신다연'이라고 쓰여 있었거든요. 눈을 한 번 비비고 다시 봤는데도 다연이가 맞았어요.

우주는 너무 신나서 크게 소리를 지를 뻔했어요. 그러다 비밀 편지 규칙을 떠올리고는 손으로 입을 콱 막았지요. 규칙 1번에 원하는 친구가 나와도 티 내지 말라고 쓰여 있었잖아요.

우주는 누가 볼세라 얼른 쪽지를 반으로 접어 주머니에 넣었어요. 하지만 웃음은 넣을 수가 없었어요. 히죽히죽 자꾸만 새어 나왔어요.

반에는 참지 못하고 '어? 너네!' 하며 손가락으로 친구를 가리키거나 옆 짝꿍과 쪽지를 함께 보며 키득거리는 친구들도 있었어요. 선생님이 웅성웅성하는 아이들을 조용히 시키면서 말씀하셨어요.

"조용! 모두 쪽지에 적힌 이름 다 확인했죠? 비밀 친구니까 비밀스럽게 활동해야 한다고 했어요. 오늘 국어 시간에는 내 비밀 친구에게 첫 번째 편지를 써 볼 거예요. 친구가 얼마나 멋진지 칭찬해 주는 내용을 써 보도록 해요. 그럼 편지를 받은 친구가 기뻐하겠죠?"

선생님은 이름 쪽지 바구니를 뒤집어 탁탁 털어 다 빈 것을 확인하셨어요. 그러고는 반 친구들 모두에게 편지지와 편지 봉투를 나눠 주셨지요.

편지지를 받은 우주도 한 글자씩 정성껏 적어 내려갔어요. 이렇게 글씨를 열심히 쓴 건 어버이날 편지 쓰기 이후로 처음인 것 같아요. 다연이에게 쓰는 첫 번째 편지인데 정말 멋지게 써서 주고 싶었거든요.

'예쁘다고 얘기해 주고 감기도 빨리 나았으면 좋겠다고 쓰고 싶은데……. 이렇게 쓰는 거 맞겠지?'

받침이 있는 어려운 글자에서는 잠깐 멈칫하기도 했어요. 그렇지만 어쨌든 편지라는 게 마음만 잘 전해지면 되는 거잖아요. 받아쓰기 시험을 보는 것도 아닌데 맞춤법이야 마음대로 적어도 괜찮을 것 같았어요.

반 친구들이 거의 다 편지를 쓰고 연필을 내려놓자 선생님이 말씀하셨어요.

"여러분, 거의 다 썼죠? 이제 정리하고 편지 봉투에 넣도록 해요. 그리고 봉투에 받는 친구 이름만 쓴 다음 안 보이게 뒤집어 놓으면 선생님이 걷어 갈게요."

우주는 짝꿍이 볼세라 편지 봉투에 '다여니에게'라고 쓰고 얼른 뒤집어 놓았어요. 선생님은 각 분단을 돌면서 책상 위에 올려져 있는 편지들을 하나씩 걷으셨어요. 그러고는 다 걷은 편지를 순서가 달라지게 섞으셨지요.

"그럼 지금부터 비밀 친구에게 온 첫 번째 편지를 나눠 줄게

요. 어떤 멋진 편지를 썼을지 선생님도 기대되는데요?"

선생님이 웃으며 편지 봉투에 적힌 이름을 불러 주셨어요. 이름이 불린 친구는 자리에서 일어나 선생님께 편지를 받으러 나갔어요. 다들 산타 할아버지에게 선물 받는 아이들처럼 들뜬 표정이었어요.

"김우주."

드디어 선생님이 우주를 부르셨어요. 우주는 벌떡 일어나서 쏜살같이 달려 나갔어요. 어떤 편지가 왔을지 너무 궁금했으니까요. 그러고는 자리로 돌아와 얼른 편지 봉투를 뜯어서 편지를 꺼내 봤지요.

우주에게
우주는 선생님께 인사도 잘하고 친구들과도 항상 밝게 지내서 멋져. 너의 비밀 친구가 돼서 좋다.

바른 맞춤법에 반듯한 글씨로 채워진 편지에는 분명히 '멋지다.'라고 쓰여 있었어요.

'힛. 멋진 건 알아서.'

우주는 갑자기 어깨가 으쓱해졌어요. 누군지는 몰라도 우주를 멋지다고 생각하는 친구가 있다는 거잖아요. 편지라는 게

이렇게 기분이 좋은 건지 몰랐어요. 다연이도 엄청 기뻐할 걸 생각하니까 얼른 다음 편지도 써 주고 싶어졌어요.

"여러분, 칭찬 편지 받으니까 기분 좋죠? 앞으로 일주일 동안 이렇게 비밀 친구에게 멋진 칭찬 편지를 써 주는 거예요. 알았죠?"

"네!"

반 친구들이 한목소리로 대답했어요.

쉬는 시간이 되자 반은 어느 때보다도 시끌시끌 소란스러웠어요. 여기저기서 비밀 편지 이야기뿐이었거든요. '누가 비밀 편지를 써 줬을까?' 궁금해하는 아이들부터 '글씨를 보니 남자일 것 같네, 여자일 것 같네.' 하며 추리를 시작하는 꼬마 탐정들이 가득했어요.

우주는 무엇보다도 다연이가 편지를 어떻게 읽었을지 너무 궁금했어요. 그래서 친구들이 교실 뒤쪽에서 오라고 부르는

데도 꼼짝하지 않고 자리에 앉아 있었지요.

대각선 바로 뒤에 다연이가 앉아 있잖아요. 귀를 쫑긋 세우고 들으면 뭐라고 하는지도 다 들릴 것 같았거든요.

우주는 다연이 쪽으로 거의 넘어갈 듯이 몸을 뒤로 젖히고 다연이 목소리에 온 정신을 집중했어요.

마침 다연이도 자리로 놀러 온 단짝 친구 유진이와 비밀 편지에 대해서 이야기를 나누고 있었고요.

"다연아, 내 비밀 친구는 누굴까? 너무 궁금해!"

"나도. 근데 유진아, 오늘 내 옷…… 좀 이상한가? 그리고 내가 선생님께 버릇없이 굴었던 적 있어?"

"옷? 아니, 엄청 예쁜데? 그리고 너 선생님께 인사도 잘하고, 부반장이라 선생님께서 맡기신 일도 열심히 하잖아. 갑자기 왜?"

"아, 아니……. 편지 보니까 마음에 좀 걸려서……."

"뭐라고 쓰여 있는데? 한번 줘 봐."

다연이는 잠깐 망설이다가 비밀 친구에게서 받은 편지를 유진이에게 내밀었어요.

> 다여니에게
> 다여나 너는 발표도 잘하고 선생님도 잘 공격하고 그래서 멋진거 갗아. 오늘 입은 옷도 무지 개떡처럼 예뻐. 감기도 빨리 낳았으면 조케써.

"흠……. 일단 글씨가 삐뚤빼뚤 지렁이 같네. 헉! 다여니에게? 네 비밀 친구 진짜 어떡하냐. 네 이름도 제대로 못 쓰고. 다여나? 열긴 뭘 다 열어? 으아, 심한데. 그리고 선생님을 잘 공격한다고? 옷이 개떡이라는 건 또 뭐야?"

합! 우주는 유진이 목소리만 들었을 뿐인데 형이랑 싸우다가 엄마한테 호되게 혼났을 때처럼 잔뜩 주눅 들었어요. 아무리 못 썼어도 이렇게 길게 혼을 낼 건 뭐냐고요. 연필을 쥐고 있는 손에 땀이 날 정도로 열심히 썼는데 지렁이 같은 글씨라고 하는 것부터가 기분이 나빴어요.

"나한테 관심이 없던 친구였으면 내 이름은 잘못 쓸 수도 있지, 뭐."

다연이 목소리가 왠지 풀이 죽어 있었어요. 귀를 쫑긋 세우고 엿듣던 우주는 절대 아니라고 마음속으로 외쳤어요.

'아니야, 다연아! 나는 네 이름도 다 알고 너랑 정말 친해지고 싶은데! 그리고 나는 선생님을 공격하는 게 아니라 잘 공경한다고 칭찬해 주고 싶은 거였단 말이야! 옷도 내가 제일 좋아하는 무지개떡 같아서 예쁘다는 거였는데!'

하지만 우주의 절망은 여기서 끝이 아니었어요. 우주를 더 절망하게 만드는 다음 말이 남아 있었거든요.

"다연아, 나 알 거 같아! 네 비밀 친구!"

'그만! 그만해, 김유진!'

어휴. 김유진은 진짜 왜 이러는지 모르겠어요. 사실 유진이랑 짝꿍이었을 때 상냥하게 대하지는 않았어요. 유진이 지우개로 지우개 따먹기를 하기도 했고요. 그렇다고 이렇게 비밀을 캐내는 건 너무하잖아요.

우주는 꿀꺽 마른침을 삼키고 다연이 책상 쪽으로 몸을 더 틀어서 앉았어요. 몸을 뒤로 너무 많이 기울여서 엉덩이는 곧 의자에서 떨어질 지경이었어요. 그래도 다리에 힘을 꽉 주고 의자에 매달리듯 앉았어요. 비밀 친구가 누구인지 궁금해하는 다연이의 목소리가 들려오고 있었거든요.

"정말? 누구인 거 같은데?"

다연이가 궁금하다는 목소리로 유진이에게 물었어요.

"확실해. 김우주, 김우주야!"

유진이가 목소리를 무섭게 낮게 깔더니 속삭였어요.

'이럴 수가.'

우주는 깜짝 놀라서 하마터면 매달리듯 앉아 있던 의자에서 떨어질 뻔했어요. 유진이는 장래 희망이 탐정이라도 되는 걸까요. 아니면 탐정이 나오는 만화 영화를 너무 많이 봤을지도 몰라요. 그렇지 않고서야 어떻게 바로 알아내냐고요. 편지에는 우주의 '우' 자도 써 놓지 않았는데 말이에요.

"김우주라고?"

다연이가 잘 모르겠다는 반응을 하자 유진이가 확신에 찬 목소리로 말을 이었어요.

"봐 봐. 여기 '갖아' 이걸 보니까 알겠어. 내가 저번 짝꿍이 김우주였잖아. 그때 받아쓰기 공책 슬쩍 본 적 있거든? 그런데 '같아'를 'ㅈ' 받침으로 계속 써서 틀리더라니까? 감기 낫는 것도 'ㅎ' 받침 아니잖아. '좋겠어'도 틀리고. 선생님을 공격한다는 둥 이런 엉터리 맞춤법은 김우주야. 확실해."

유진이는 확실하다고 다시 한번 말했어요. 다연이는 "그런

가." 하며 편지를 다시 부스럭거리며 살펴보는 것 같았어요.

'으악…….'

우주는 이미 마음속으로는 쥐구멍에 들어가 있었어요. 김유진은 혼만 잘 내는 게 아니라 말도 너무 잘해요. 유진이 말만 들으면 누가 들어도 우주가 쓴 거라고 생각할 거예요.

우주는 이제 다연이 눈도 마주치지 못할 것 같았어요. 이름을 이상하게 쓴 것도 미안한데 선생님을 공격한다고 썼다잖아요. 옷은 개떡 같다고 해 버렸고요. 게다가 비밀 편지 첫날에 바로 들켜 버릴 위기라니. 이게 다 맞춤법, 맞춤법 때문이에요.

집으로 돌아온 우주는 방 안 침대에 누워서 멍하니 천장만 바라봤어요. 오늘은 정말 충격을 많이 받은 날이니까요.

다연이가 비밀 친구가 된 건 좋은 충격이었어요. 하지만 나쁜 충격은 두 개나 되는걸요. 다연이한테 하고 싶은 말을 제대로 쓰지 못해 오해하게 편지를 써 버렸고, 비밀 친구가 우주라는 것까지 밝혀져 버렸잖아요.

'흐엉. 마음대로 써도 내용은 잘 전달될 줄 알았는데. 멋지긴 뭐가 멋져. 바보야, 나는.'

우주는 얼굴을 베개에 푹 파묻었다가 뭔가가 생각난 듯이 고개를 벌떡 들었어요. 그러고는 가방에서 비밀 친구에게서 받은 편지를 다시 꺼내 봤죠.

너무 이상했거든요. 분명 우주가 받은 편지와 별로 다르지 않게 썼던 것 같은데 대체 어떻게 잘못 써서 이상하게 전해진 건지 억울하게도 느껴졌어요.

> 우주에게
> 우주는 선생님께 인사도 잘하고 친구들과도 항상 밝게 지내서 멋져. 너의 비밀 친구가 돼서 좋다.

'나도 이렇게 비슷하게 쓴 것 같은데. 뭐가 잘못된 거지?'

우주가 답답한 마음에 머리를 긁적이고 있는데 형이 방문을 벌컥 열고 들어왔어요.

"칠별아, 뭐 하니? 엄마가 간식 먹으라고 하시는데?"

형은 30점 맞은 받아쓰기 공책에 그려진 별들을 본 이후로 계속 '칠별이'라고 부르고 있어요. 일곱 개의 별을 뜻한다나

요? 우주는 엄마, 아빠가 그렇게 부르지 말라고 하는데도 계속 놀리는 형이 정말 얄미웠어요.

"칠별이 아니라고! 그리고 나 배 안 고파."

꽥 소리를 지르고는 다시 침대에 엎드린 우주의 오른쪽 팔 옆으로 편지지가 삐죽 튀어나왔어요. 그걸 놓칠 형이 아니었지요. 형이 이건 또 뭐냐며 편지지를 빼냈어요.

"아, 왜 자꾸 내 거 가져가! 이리 줘! 비밀 친구가 준 편지란 말이야."

"비밀 친구? 우와, 얘는 우리 칠별이랑 다르게 맞춤법이 다 맞네. 멋진 친구네."

형이 편지에 적힌 또박또박한 글씨를 보며 감탄했어요.

"나도 맞춤법에 맞게 잘 쓰고 싶다……."

우주의 혼잣말을 들었는지 형이 씩 웃었어요.

"오, 우리 칠별이 드디어 맞춤법에 맞게 쓰고 싶어진 거야? 엄마가 그렇게 받아쓰기 연습하자고 해도 한 번 겨우 하고는 도망가더니."

"나도 좋은 비밀 친구가 되고 싶어. 이름도 틀리게 쓰는 그런 바보 친구 말고. 형, '다연이에게', '다연아' 한번 써 봐."

우주가 꽤 진지한 표정으로 연필과 공책을 내밀자 형도 고개를 끄덕하고는 글자를 적어 내려가기 시작했어요.

"다연이라는 친구가 네 비밀 친구인가 보네? 자! 이렇게 쓰는 거지. 넌 어떻게 썼는데?"

형이 우주에게 공책을 돌려주며 말했어요. 우주도 다연이에게 썼던 편지 그대로 '다여니에게, 다여나'라고 적었고요.

"아, 나는 형이랑 다르게 써 버렸네. 내 이름은 받침이 없어서 신경을 못 썼어."

우주가 고개를 푹 숙이며 말했어요. 유진이가 탐정 놀이를 했던 악몽이 다시 떠올랐거든요.

"말할 때는 네가 쓴 대로 소리 나지만 맞춤법을 지켜서 쓰면 내가 쓴 것처럼 써야 맞아. 맞춤법은 '우리, 글은 이렇게 쏩시

다!' 하고 정해 놓은 규칙이거든. 그러니까 맞춤법에 맞게 써야 네 생각을 정확하게 전달할 수 있어. 맞게 쓰지 않으면 오해가 생길 수도 있고. '다연이' 이름을 '다여니'라고 쓰면 다 열었다는 의미로 이해할 수도 있잖아."

"오, 제법 형 같은데?"

우주의 말에 형이 피식 웃으면서 우주의 머리에 살짝 꿀밤을 놓았어요. 오랜만에 형이랑 진지한 대화를 하게 된 게 우주는 조금 기쁘기도 했어요. 그래서 형에게 솔직한 마음도 털어놓았고요.

"오늘 다연이한테 편지를 제대로 못 써서 너무 부끄러웠어.

나는 비밀 친구가 멋지다고 써 줘서 기분이 엄청 좋았는데 다연이는 내 편지 때문에 오히려 기분이 안 좋아졌을 거 같아. 나도 편지 잘 써 주고 싶은데…….”

고개를 끄덕거리며 우주를 보던 형이 뭔가를 결심한 듯 대답했어요.

"기죽지 마, 김우주. 할 수 있어! 사실 나도 2학년 때 받아쓰기 빵점 맞은 적 있다.”

“뭐? 형이?”

글쓰기를 잘해서 학교에서 우수상도 타오는 형이 받아쓰기 빵점을 맞은 적이 있다니. 오늘은 우주가 온종일 충격을 받는 날인 게 분명했어요.

헷갈릴 수 있는 맞춤법을 살펴봐요

📖 발음이나 형태가 비슷해서 헷갈릴 수 있는 맞춤법을 함께 익혀 보아요.

☑ 맞추다 / 맞히다 / 마치다

맞추다	• 서로 떨어져 있는 부분을 제자리에 맞게 대어 붙인다는 뜻이에요. 　예) 문짝을 문틀에 맞추다. • 둘 이상의 대상들을 나란히 놓고 비교하여 살핀다는 뜻도 있죠. 　예) 친구와 답을 맞추어 보았다. • 어떤 기준이나 정도에 어긋나지 않게 한다는 뜻도 있어요. 　예) 원고를 심사 기준에 맞추다.
맞히다	• 문제에 대한 답을 틀리지 않게 한다는 뜻이에요. 　예) 퀴즈의 답을 맞히다. • 물체를 쏘거나 던져서 어떤 물체에 닿게 한다는 뜻도 있어요. 　예) 화살을 과녁에 맞히다.
마치다	• 어떤 일이나 과정, 절차 같은 것들이 끝난다는 뜻이에요. 　예) 수업을 마치다.

▷ 친구와 답을 서로 비교해 볼 때는 '맞추다'를 쓰고, 퀴즈에 알맞은 정답을 맞히는 건 '맞히다'를 쓴다는 것! 특히나 헷갈릴 수 있으니 기억해요.

☑ 가리키다 / 가르치다

가리키다	• 손가락 같은 것으로 어떤 방향이나 대상을 집어서 보이거나 말하거나 알리는 걸 말해요. 예) 손가락으로 인형을 가리켰다.
가르치다	• 지식이나 기능, 이치 등을 깨닫게 하거나 익히게 한다는 뜻이에요. 예) 동생에게 한글을 가르쳤다.

▷ '가리키다'와 '가르치다'는 비슷해 보여서 바꿔서 사용하기 쉬워요. 정확한 뜻을 알아 둡시다.

☑ 반드시 / 반듯이

반드시	• '틀림없이 꼭'이라는 뜻이에요. 예) 약속 시간을 반드시 지키렴.
반듯이	• '작은 물체, 또는 생각이나 행동 등이 비뚤어지거나 기울거나 굽지 아니하고 바르게'라는 뜻이에요. 예) 이불을 덮고 반듯이 누웠다.

▷ 다른 낱말이지만 발음이 '반드시'로 같아서 쓸 때 헷갈리지 않도록 주의해요.

☑ 짖다 / 짓다 / 짙다

짖다	● 새나 개가 목청껏 소리를 낼 때 쓰는 말이에요. 예) 개가 컹컹 짖다.
짓다	● 재료를 들여 밥, 옷, 집 같은 것을 만들 때 써요. 약을 만들거나 글을 쓸 때도 쓰지요. 예) 약을 짓다. 잡곡을 섞어 밥을 짓다.
짙다	● 보통 정도보다 빛깔이 강하다는 뜻이에요. 예) 눈썹이 검고 짙다.

▷ 발음은 같지만 받침과 쓰임이 다른 말들이니 잘 익혀 둬야 해요.

☑ 메다 / 매다

메다	● 어깨에 걸치거나 올려놓는 걸 말해요. 예) 어깨에 책가방을 메다.
매다	● 끈이나 줄을 풀어지지 않게 묶는 걸 말해요. 예) 신발 끈을 매다.

▷ 모음 'ㅔ'와 'ㅐ'는 발음이 비슷해서 헷갈리기 쉬우니 정확하게 알아 둬요.

같이 생각해요

📖 맞춤법 공부 열심히 했나요? 그럼 함께 퀴즈를 풀며 확인해 봐요.

1. 빈칸에 들어갈 알맞은 말을 보기에서 찾아보세요.

    ◇ 수업을 [   ] 집으로 갔어요.

    | <보기> | 맞히고 | 마치고 |

    ◇ 밥을 먹고 난 후에는 [   ] 이를 닦아야 해요.

    | <보기> | 반듯이 | 반드시 |

2. 둘 중 알맞은 낱말에 O표를 해 보세요.

    ◇ 누나가 영어를
    [가르쳐 줬어요. / 가리켜 줬어요.]

    ◇ 낯선 사람을 보자 개가 컹컹
    [짓었어요. / 짖었어요. / 짙었어요.]

<정답> 1. 마치고 / 반드시 2. 가르쳐 줬어요. / 짖었어요.

"나도 받아쓰기가 그냥 싫기만 하고 왜 맞춤법에 맞게 써야 하는지도 몰랐어. 그런데 공룡 덕분에 해결됐지."

"공룡?"

"응. 내가 공룡 엄청 좋아했던 거 알지? 너무 좋아하다 보니까 공룡 이름도 정확하게 써 보고 싶더라고. 어려운 공룡 이름에 비하면 받아쓰기는 너무 쉽던데?"

형은 커서 공룡 탐험가가 되고 싶다고 할 정도로 공룡을 좋아했어요. 하긴 '파키케팔로사우루스'나 '파라사우롤로푸스' 같은 이름들을 달달 외울 수 있게 되면 받아쓰기 시험은 식은 죽 먹기일 것 같았어요.

"꼭 공룡이 아니더라도 내가 가장 좋아하는 걸 써 보는 거야. 난 틴에이저 노래도 좋아하니까 가사도 정확하게 한번 써 보고 싶었거든. 노래 부르면서 가사를 따라 써 본 것도 맞춤법 연습이 된 것 같아."

공룡 탐험가가 되겠다던 형은 아이돌 가수로 꿈이 바뀌었거

든요. 팔다리를 휘적거리면서 춤 연습을 하길래 웃기다고만 생각했는데 이렇게 진지하게 공부도 하고 있었다니. 저번에 놀이공원에서 봤던 풍선 인형 같다고 생각했던 건 말하지 않기로 했어요.

"그렇게 조금씩 뭔가를 쓰다 보니까 받아쓰기도 좀 잘해 보고 싶더라고. 그래서 하나를 더 했지. 맞춤법 카드!"

"그런 카드도 있어?"

"음, 나만의 '포카' 같은 거랄까?"

'포카'라면 우주도 알고 있었어요. 형이 틴에이저 멤버들 사진이 인쇄된 카드를 모으는 걸 봤거든요. 그런데 맞춤법 카드라는 '포카'는 문방구에서도 본 적이 없어요.

"아이돌 포카처럼 직접 맞춤법 카드를 만드는 거야. 자주 틀리는 맞춤법을 적어서 손에 들고 다닐 수 있는 작은 카드로 만드는 거지."

팔지도 않는 걸 직접 만들 생각을 하다니. 어쩐지 형이 추는

춤도 참 기발하긴 했어요.

"오, 어떻게 만드는 건데?"

"간단해. 일단 종이를 손바닥만 한 크기로 오려서 열 개 정도 만들어. 그다음에 자주 틀리는 맞춤법을 이 카드에 적는 거지. 그리고 카드들 위쪽에 빼고 낄 수 있도록 구멍을 뚫어서 고리로 묶는 거야."

"아, 그럼 그렇게 카드를 만들어서 보는 거야?"

"응. 잘 틀리는 단어도 자주 보다 보면 눈에 익어서 기억이 잘 나거든. 더는 틀리지 않는 맞춤법은 고리에서 빼서 다른 맞춤법 카드를 넣고. 나는 딱 열 개만 만들어서 묶었어. 너무 많아도 힘드니까."

우주가 알았다는 표시로 고개를 끄덕였어요.

"그래! 생각난 김에 받아쓰기 공책 한번 꺼내 봐. 자주 틀리는 맞춤법이 뭔지 같이 확인해 보자."

형이 우주의 어깨를 톡톡 두드리며 말했어요.

"아, 잠깐……."

우주는 책들 사이로 손을 집어넣어 받아쓰기 공책을 찾기 시작했어요. 눈에 안 보이게 책장에 억지로 구겨 넣어 뒀었거든요. 겉장이 우글우글 잔뜩 찌그러진 공책이 책장 깊숙한 곳에서 나왔어요.

우주는 형과 함께 별표가 쳐져 있는 단어들을 하나씩 짚어 보기 시작했어요. 그러자 부끄러운 기억들도 함께 스멀스멀 올라왔어요. 빨리 공책을 덮고만 싶었어요.

"이렇게 다시 보니까 너무 부끄럽다. 형도 계속 놀렸었잖아."

"에이, 부끄러운 거 아니야. 제대로 알아야 다음번에는 안 틀리지. 너 보니까 틀렸던 걸 계속 틀리는 거 같거든."

형은 이번에는 '칠별이'라고 놀리지 않았어요. 대신 진지한 표정으로 받아쓰기 공책을 보고 있었죠. 우주도 형이 괜찮다고 말하니까 왠지 정말 괜찮게 느껴졌어요.

형 말대로 틀린 문제를 다시 안 틀리면 되는 거잖아요. 별표는 부끄러운 게 아니었어요. 모른다고 숨기고 감추려는 게 더 부끄러운 거였어요.

다시 보니까 정말 똑같은 맞춤법을 계속 틀리고 있었거든요. 그전까지는 별표를 받은 문장을 세 번씩 다시 써 가는 숙제를 했어도 쓰기 싫다는 생각만 하느라 몰랐는데 말이에요.

"우주야, 이왕 이렇게 된 거 맞춤법 카드도 지금 만들어 보자. 연습장 있지? 세 장만 뜯어 봐."

우주가 작은 스케치북처럼 생긴 공책을

세 장 뜯었어요. 그리고 형은 종이를 반으로 접고 또다시 반으로 접었어요. 그러고는 펴서 접혔던 선을 따라 가위로 자르기 시작했어요. 하나의 종이는 이제 네 개의 카드가 되었어요. 나머지 종이 두 장도 같은 방법으로 잘랐더니 작은 카드가 열두 개가 생겼어요.

"보니까 이걸 자주 틀리네. '같다'랑 '갖다', '갔다' 말이야. 잘 봐. '같다'는 어떤 것이 다르지 않다는 거야. 음, 너랑 친구가 생일이 똑같을 때, '나랑 친구는 생일이 같다.' 이럴 때 쓰는 거

지. 그리고 '갖다'는 '가지다'를 줄인 말이거든. '우주가 다연이에게 관심을 갖다.' 이럴 때 쓰겠네."

"아, 그런 거 아니거든?"

우주가 웃으면서 형의 팔을 툭툭 쳤어요.

"큭큭. 그리고 '갔다'는 이동하는 거. '앞으로 갔다.' 이럴 때 쓰는 거야. 이해됐지? 이걸 이제 잊어버리지 않게 카드에 적기만 하면 돼. 한 장에 하나씩 뜻이랑 어떨 때 쓰는 건지도 적어 봐."

우주가 고개를 끄덕이며 한 글자씩 적기 시작했어요. 발음이 똑같아서 어떤 받침을 써야 하나 아리송하기만 했는데 한 글자씩 생각하면서 적으니까 단어들이 조금씩 눈에 익는 것 같았어요.

"오, 나 이제 좀 알 것 같아. 고마워, 형!"

"후후. 내가 생각해도 나 좀 설명 잘하는 듯?"

우주와 형이 웃으며 맞춤법 카드를 마저 만들고 있는데 엄마가 방문을 열고 들어오셨어요.

"얘들아, 어쩐 일로 너무 조용하네. 간식 안 먹니?"

"아! 엄마. 별표 왕자한테 맞춤법 카드 만드는 법 좀 전수하느라고요."

형이 어깨를 으쓱하며 말하자 엄마가 미소를 지으며 답하셨어요.

"언제쯤 맞춤법이 중요한지 깨달을까 지켜보고 있었는데. 드디어 우리 우주도 맞춤법 공부 제대로 시작했구나! 그래, 이렇게 스스로 깨우치는 게 가장 중요하지. 다 하면 엄마도 좀 보여 주고! 배고프면 간식 먹으러 나오렴."

"네, 엄마!"

엄마가 뿌듯한 표정으로 우주와 형을 바라보시고는 방문을 닫고 나가셨어요.

"형! 나 다연이한테 편지도 잘 써서 주고 싶은데 그것도 좀 도와줘."

"그래, 동생 여자 친구가 될지도 모르는데 당연히 내가 도와줘야지."

"아! 아니라니까."

우주와 형이 다시 티격태격하면서 웃었어요. 우주는 다연이에게 편지를 잘 써 주는 데 필요한 거라면 지금처럼 맞춤법이 싫게만 느껴지지는 않을 것 같았어요.

우주는 다연이에게 다시 마음을 담은 편지를 쓰기 시작했어요. 형의 도움으로 맞춤법도 정확하게 적었고요. 앞으로는 다연이에게 백 점짜리 비밀 친구가 되고 싶었으니까요.

어느덧 목요일이 되었어요. 오늘은 새로운 받아쓰기 시험 날이기도 하고 비밀 친구 활동을 한 지 일주일이 다 되어 가는 날이기도 해요. 그사이 자리도 바뀌어 짝도 달라졌어요.

시곗바늘은 아침 8시 40분을 가리키고 있었어요. 그전 같으면 우주가 집 앞 건널목을 건너고 있을 시간이에요. 하지만 우주는 오늘도 헉헉거리며 벌써 교실로 뛰어 들어가고 있었어요. 다연이보다 먼저 교실에 도착해야 하거든요.

우주는 고개를 휙휙 돌려서 주변을 살펴봤어요. 우주처럼 일찍 온 아이들이 몇 명 있긴 했지만, 앞자리에 앉아 있어서

우주를 쳐다보고 있는 친구는 없었어요. 우주는 얼른 다연이 책상으로 가서 몰래 서랍 속에 편지를 쏙 집어넣었어요. 그러고는 아무 일도 없었다는 듯이 빠르게 자리로 돌아갔지요.

'후, 오늘도 성공!'

우주는 재빨리 자리에 앉았어요. 그리고 한 5분 정도 지나자 반 친구들이 하나둘씩 교실로 들어오기 시작했어요. 이제 9시까지 얼마 남지 않았거든요. 교실로 들어오는 다연이와 유진이 목소리도 들려왔어요.

"다연아, 서랍 한번 봐 봐. 오늘도 편지 있는지."

"에이, 비밀 친구도 하루쯤은 쉬겠지."

다연이와 유진이가 편지 이야기를 시작하자 우주는 귀를 더 쫑긋 세웠어요. 다연이가 의자를 밀고 자리에 앉아 서랍을 살펴보는 것 같았어요.

"어? 있다!"

편지를 발견한 다연이의 목소리가 살짝 들떠 있었어요.

"역시, 역시. 김우주, 아니, 네 비밀 친구 의외로 부지런하네. 나는 일주일이 다 되도록 편지 한 통밖에 못 받았는데. 히잉. 부럽다. 오늘은 뭐라고 써 있어?"

"음, 여기. 한번 봐 봐."

유진이가 편지를 받아 들고 읽었어요.

"다연이에게. 어제 국어 시간에 발표한 거 너무 멋졌어. 다연이는 발표도 잘하고 대단해. 오늘도 좋은 하루 보내. 이야! 이제 진짜 맞춤법이 다 맞네? 대단한데, 김우주."

유진이가 웃으며 말했어요.

"맞아. 내 비밀 친구 진짜 최고지?"

다연이 목소리에도 웃음이 가득 묻어 있었어요.

다연이와 유진이의 대화를 듣던 우주도 기분이 너무 좋아서 하마터면 품 하고 웃음을 터뜨릴 뻔했어요. 엉터리 맞춤법이라고 놀리던 김유진이 칭찬을 해 준 거잖아요. 게다가 다연이는 우주에게 최고라고 했고요.

그동안 매일매일 다연이에게 편지를 쓰면서 형이랑 맞춤법 공부를 한 게 드디어 빛을 발하는 것 같았어요.

가끔은 편지 쓰기가 귀찮은 날도 있었지만 다연이에게 매일 편지를 전해 주고 싶었거든요. 이렇게 기뻐하는 모습을 보는 것도 너무 보람 있었고요.

"자, 모두 자리에 앉으세요. 받아쓰기 연습 많이 했죠?"

9시가 되자 선생님이 교실로 들어오셨어요. 받아쓰기 시험을 보는 목요일은 가장 싫어하는 날이지만 오늘은 조금 달랐어요. 이번 받아쓰기 시험은 특별하거든요. 우주가 맞춤법 공부를 열심히 하고 보는 첫 받아쓰기 시험이니까요. 형이 말해 준 비법대로 맞춤법 카드도 자주 보면서 공부했고요. 다연이에게 맞춤법에 맞는 편지를 써 주려고 노력했던 일주일이었어요. 우주는 자신 있으면서도 조금 긴장이 되었어요.

"자, 모두 받아쓰기 공책 꺼내세요. 1번 문제 부를게요."

선생님이 목을 가다듬으시더니 1번 문제를 불러 주셨어요.

"1번, 강아지와 산책하러 갔습니다."

'어? 이거 맞춤법 카드에 있었던 거다!'

우주는 '같다, 갖다, 갔다'를 적어 두었던 맞춤법 카드를 떠올렸어요. 강아지와 산책하러 간 거니까 '가다'에 받침은 'ㅆ'을 적는 게 맞을 것 같았어요.

우주는 씨익 웃으면서 1번 답을 적어 넣었어요. 오늘은 1번부터 느낌이 달라요.

"2번, 흙을 털고 일어나."

'흙'은 이제 완벽하게 쓸 수 있어요. 맞춤법 카드에 써 놓고 자주 봤었거든요. 저번 시험에서는 받침이 두 개인 것만 기억나서 '흑'이라고 써서 틀렸었어요. 우주는 오늘은 정확하게 적고 속으로 휘파람을 불었어요.

선생님이 9번 문제까지 불러 주시는 동안 우주는 꽤 많은 문제를 자신 있게 적어 내려갔어요. 이제는 받아쓰기가 그렇게 밉지만은 않았어요. 아는 단어가 나오니까 퀴즈를 푸는 것처럼 꽤 재미있다는 생각까지 들었어요.

"10번, 밤이 된 것 같아."

선생님이 마지막 문제를 불러 주셨어요. 우주는 이번에도 쓱쓱 연필을 움직였어요. '같아'는 다연이에게 편지를 쓰면서 많이 적었던 말이거든요.

3교시가 끝나고 선생님께서 돌려주신 받아쓰기 공책에는 동그라미가 일곱 개나 그려져 있었어요. 별은 세 개뿐이었고요. 저번 주에는 별이 일곱 개, 동그라미가 세 개였던 걸 생각

하면 엄청난 발전이잖아요.

우주는 받아쓰기 공책이 더는 폭탄같이 느껴지지 않고 너무 좋아서 공책에 뽀뽀까지 할 뻔했어요.

다음 날, 교실은 여느 때보다 더 소란스러웠어요. 드디어 비밀 친구를 밝히는 날이었거든요.

우주는 오늘도 다연이가 오기 전에 도착해서 다연이 책상 서랍 속에 편지를 넣어 두었어요. 마지막 날이니까 작은 머리핀 선물도 함께요.

"자, 모두 자리에 앉으세요. 오늘 무슨 날인 줄 알죠? 드디어 비밀 친구를 밝히는 날이에요."

교실로 들어오신 선생님이 반 친구들을 향해서 말씀하셨어요. 선생님 손에는 작은 선물 상자 몇 개도 들려 있었어요.

"아마 누가 내 비밀 친구인지 알 것 같은 친구도 있을 거고, 전혀 눈치채지 못한 친구도 있죠? 지금부터 비밀 친구를 찾아

볼 거예요. 방법은 간단해요. 모두 자리에서 일어나서 내 비밀 친구라고 생각되는 친구에게 다가가서 '당신은 내 비밀 친구입니까?'라고 물어보는 거예요. 그리고 비밀 친구를 찾은 사람은, 여기 칠판에 선생님이 여러분 이름을 써 놨거든요? 그 옆에 내가 찾은 비밀 친구 이름을 적으면 되고요. 그럼 지금부터 내 비밀 친구를 찾아봅시다!"

선생님이 교탁을 탁탁 치며 시작을 알리자 반 친구들이 왁자지껄하며 자신의 비밀 친구를 찾기 시작했어요.

누구는 한 번에 찾기도 하고 누구는 교실을 휘젓고 다니면서 아무나 붙잡고 비밀 친구냐고 묻고 다니기도 했어요. 우주도 주변 친구들에게 내 비밀 친구냐고 물어보면서 장난을 치고 있었고요.

우주가 단짝 동우를 붙잡고 내 비밀 친구냐고 묻고 있을 때였어요. 다연이가 우주 앞으로 다가오는 거예요.

"당신은 내 비밀 친구입니까?"

싱긋 웃으며 물어보는 다연이 두 뺨에 보조개가 폭 들어갔어요. 우주는 고개를 두 번 끄덕했어요. 얼굴은 잘 익은 사과처럼 빨개졌고요.

다연이는 칠판 앞으로 가서 '신다연' 이름 옆에 '김우주'라고 적었어요. 우주는 다연이 이름 옆에 나란히 적힌 자신의 이름이 아주 마음에 들었어요. 다연이와 아주 특별한 친구가 된 것만 같았거든요.

다른 친구들도 비밀 친구를 찾느라 정신없었어요. 시간이 흘러도 자신의 비밀 친구가 헤매고 있으면 먼저 가서 자기였다고 말해 주는 친구도 있었어요. 우주에게도 반 친구 한 명이 와서 우주의 비밀 친구였다고 말해 줬어요.

"자, 내 비밀 친구가 누군지 다 확인했죠? 그럼 이제 자리에 다 앉도록 해요."

선생님은 칠판에 이름이 다 적힌 것을 보고는 반 친구들을 자리에 앉히셨어요.

"어때요, 비밀 친구가 누군지 알게 되니까 더 재밌죠? 처음에 선생님이 비밀 친구 활동을 잘한 친구에게는 선물을 준다

고 했었어요. 내 비밀 친구가 정말 잘해 줬다고 자랑할 친구가 있으면 손을 들고 발표해 볼까요?"

다연이가 기다렸다는 듯이 손을 번쩍 들었어요.

"그래, 다연이가 발표해 보자. 음, 다연이 비밀 친구는 우주였구나?"

선생님이 뒤로 고개를 돌려 칠판에 적힌 이름을 보고는 말씀하셨어요.

"네, 선생님. 사실 첫날에는 우주가 편지에 제 이름을 틀리게 써서 조금 슬펐어요. 선생님을 잘 공격해서 좋다고 쓰여 있어서 놀리는 줄 알았고요."

다연이의 말에 아이들이 웃음을 터뜨렸어요. 우주도 머리를 긁적이며 따라 웃었어요.

"그런데 그다음 편지부터는 저를 칭찬하는 말을 멋지게 잘 써 줘서 정말 감동했어요. 매일매일 편지를 써 줬거든요. 편지 덕분에 힘이 났어요. 우주에게 정말 고마워요."

다연이가 고개를 돌려 뒤쪽에 앉은 우주와 눈을 맞추며 웃었어요.

"우주가 다연이에게 멋진 비밀 친구가 되어 주었구나! 선생님도 우주를 칭찬해 주고 싶어요. 우주 받아쓰기 공책이 이번 주에는 별표 대신 동그라미가 가득했거든요. 맞춤법 실력이 쑥쑥 자라고 있는 우주를 위해서 우리 박수 한번 쳐 줄까요?"

우주에게 박수가 쏟아졌어요.

맞춤법을 잘 지키니까 좋아하는 다연이랑 특별한 친구도 되고 선생님께 멋지다고 칭찬도 받은 거잖아요. 우주는 이제 정말로 맞춤법이 하나도 밉지 않았어요.

맞춤법을 잘 지킬 수 있는 나만의 비법!

맞춤법 공부는 앞으로 모든 공부의 바탕이 되어 줄 거예요. 또 맞춤법을 잘 알면 내 의견을 잘 전달할 수 있고 다른 사람의 말도 정확하게 이해할 수 있지요. 지금부터 맞춤법을 잘 익힐 수 있게 도와주는 방법들을 소개할게요. 나에게 맞는 방법을 찾아서 재미있게 맞춤법 공부를 해 보도록 해요.

✏️ 내가 좋아하는 것을 써 보요

여러분은 어떤 걸 좋아하나요? 동물을 좋아한다면 동물들의 이름과 특징을 맞춤법을 생각하며 적어 보세요. 식물이나 곤충을 좋아해도 마찬가지고요. 즐겨 보는 만화 영화가 있다면 등장하는 캐릭터의 이름을 적어 보는 것도 좋아요. 좋아하는 가수의 노래 가사를 맞춤법에 맞게 써 보는 것도 좋은 방법이고요.

내가 좋아하는 것을 적다 보면 맞춤법에 맞게 정확하게 쓴다는 것이 얼마나 즐거운 일인지도 알게 될 거예요.

📝 책을 가까이!

책을 읽어야 한다는 말은 너무 많이 들어서 지겹다고요? 하지만 책을 읽는 건 맞춤법 공부에도 중요하답니다. 책을 많이 읽을수록 한글이 더 익숙해지거든요.

헷갈리는 맞춤법도 책을 많이 읽다 보면 '아, 이 글자는 이렇게 쓰는 거구나.' 하고 금세 익힐 수 있을 거예요. 나도 모르게 머릿속에 자동으로 입력이 되는 거지요. 맞춤법을 달달 외워야만 한다면 너무 힘들잖아요. 하지만 곁에 책을 가까이 두고 자주 펼쳐 보다 보면 억지로 외우지 않아도 어느새 한 뼘은 성장해 있는 맞춤법 실력을 느낄 수 있을 거예요.

📝 책을 소리 내어 읽고 따라서 적어 봐요

　책을 조용히 눈으로만 보는 것도 좋지만 크게 소리 내어 읽으면 공부 효과는 더 커질 거예요. 소리 내어 읽다 보면 더 집중해서 글을 볼 수 있고 어떤 내용인지도 더 잘 들어오거든요.
　또 특별히 좋아하는 책이 있다면 그대로 따라 써 보는 것도 좋아요. 직접 손을 움직여서 쓰다 보면 올바른 맞춤법을 더 집중해서 익힐 수 있거든요. '여기서는 이런 받침을 쓰고, 이렇게 띄어 쓰는 거구나.' 하고 말이지요. 무조건 외워서 하는 공부보다 적극적으로 생각하면서 하는 공부가 더 오래도록 기억에 남을 거예요.

📝 자주 틀리거나 어려운 낱말은 따로 정리해요

　유난히 자주 틀리는 낱말이 있나요? 받침이 두 개인 낱말이나 띄어쓰기는 더 어렵게 느껴질 수 있어요. 그래서 특별히 정리해 둘 필요가 있답니다. 헷갈리는 낱말들만 따로 정리해 두는 거죠. '맞춤법 카드'에 말이에요.

어렵고 자주 틀린다고 피하지 말고 이런 낱말들은 다시 고치고 바르게 써 보는 과정이 꼭 필요해요. 맞춤법 카드에 이런 낱말들을 따로 적어 두세요. 그리고 시간이 날 때마다 카드를 보면서 맞춤법을 익히는 거예요. 더는 헷갈리지 않는 낱말들은 카드에서 빼고 새로운 카드를 넣어 두고요. 이렇게 반복할수록 어렵게 느껴지는 맞춤법은 줄어들고 점점 올바른 맞춤법을 사용할 수 있게 될 거예요.

☑ 나만의 맞춤법 카드 만들기!

1. 먼저 글씨를 적을 종이를 준비해요. 크기는 알림장 정도면 좋아요.
2. 종이를 사 등분 해서 잘라 카드 네 개를 만들어요.
3. 이런 방법으로 카드를 열두 개 정도 만들어요.
4. 카드에 내가 자주 틀리는 맞춤법을 적어 정리해요.
5. 카드 위에 구멍을 뚫고 고리로 묶으면 나만의 맞춤법 카드 완성!

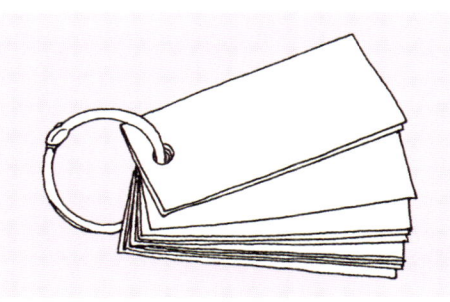

▷ 이렇게 생긴 단어장을 구입해도 좋아요.

같이 생각해요

1. 나는 어떤 것을 좋아하나요? 좋아하는 것을 맞춤법에 맞게 적어 보세요.

   ----

2. 내가 자주 틀리는 맞춤법은 어떤 것들인가요? 받아쓰기 공책을 펼쳐서 자주 틀리는 맞춤법을 찾아봐요.

나도 이제 초등학생 — OX 퀴즈

왜 맞춤법에 맞게 써야 하는지 이제 잘 알았나요?
그렇다면 마지막 관문!
OX 퀴즈를 풀면서 점검해 봐요.

맞는 답에 색칠하세요!

맞춤법은 꼭 지켜야 할까요?

 네, 맞춤법을 잘 지켜야 상대방과 정확하게 소통할 수 있어요.

 아니요, 맞춤법은 어려우니까 내가 쓰고 싶은 대로 써도 돼요.

맞춤법 공부를 위해서는 책을 많이 읽는 것이 좋을까요?

 네, 책을 많이 읽다 보면 바른 맞춤법이 익숙해져서 도움이 돼요.

 아니요, 책 읽는 것과 맞춤법 공부는 아무 상관없어요.

한글 맞춤법은 우리나라 말이니까 공부하지 않아도 될까요?

 네, 외국어도 아닌데 굳이 공부하지 않아도 다 알게 돼요.

 아니요, 한글 맞춤법도 규칙이 있어서 공부가 필요해요.

한글은 소리 나는 대로만 쓰면 될까요?

 네, 모든 낱말은 그냥 들리는 그대로 쓰면 돼요.

 아니요, 쓸 때와 읽을 때가 다른 낱말들이 있어서 무조건 소리 나는 대로 쓰면 안 돼요.

받아쓰기 시험에서 틀린 문제들은 맞춤법 카드에 정리해서 다시 익히는 게 좋을까요?

 네, 잘 정리해서 익히면 다음번에는 틀리지 않을 거예요.

 아니요, 틀린 문제를 다시 보면 기분이 나쁘니까 보지 않아요.

맞춤법 공부는 받아쓰기 시험을 위해서만 필요한 걸까요?

 네, 받아쓰기 시험을 잘 보려고 맞춤법 공부를 하는 거예요.

 아니요, 맞춤법은 일상생활에서도 중요해서 잘 알아 둬야 해요.